51
Lb 3748.

OPINION

DE M. ESCOFFIER, ANCIEN NOTAIRE ET PROPRIÉTAIRE-ÉLECTEUR,

DOMICILIÉ A MIRIBEL (Ain,)

SUR

1° La réforme des lois sur les Elections Municipales; des Conseillers d'arrondissements et des Membres des Conseils généraux de Département; et des Membres de la Chambre des Députés;

2° L'Institution du Jury;

3° Le Système financier, la Diminution de l'impôt du Sel, diminution qui serait remplacée par un impôt nouveau mis sur les Voitures bourgeoises, sur les Chiens de chasse et sur les Chiens des Habitants des Villes;

4° Et enfin la Loi de la Régence;

ET

SA PROFESSION DE FOI POLITIQUE.

Les élections des Députés qui viennent d'avoir lieu, démontrent de nouveau, jusqu'à l'évidence, que les hommes de notre belle France sont divisés en trois camps nettement tranchés : les partisans du système représentatif qui nous régit, autrement dits les Conservateurs ou Constitutionnels, les Légitimistes et les Radicaux, et que le très grand nombre de citoyens tient, sans arrière-pensée, à la forme du gouvernement monarchique représentatif, comme étant celui qui offre le plus de garantie aux personnes et aux intérêts, surtout si ce gouvernement cessant d'être le résultat du monopole et, par suite une fiction, est bien compris, et, comme a dit dans le temps M. de Villèle : « Joué cartes sur table. »

Cette division des esprits sur la direction gouvernementale est d'autant plus fâcheuse, qu'elle affaiblit et entrave les rouages de l'Administration, ce qui nuit essentiellement aux développements des progrès et au bien général. Sous un gouvernement constitutionnel, fondé sur le droit commun et représentant les intérêts de tous, elle ne doit pas exister. Il est de son essence d'avoir une opposition mais non des ennemis. Lorsque malheureusement les partis arrivent, comme à présent, à ne pouvoir s'entendre sur la direction des affaires publiques, il est à croire qu'un vice existe dans les institutions, et dès lors, comme c'est un mal qui peut occasionner des embarras, il importe d'y remédier en recherchant et en détruisant la cause qui le produit. Cette cause, selon beaucoup de gens de bien, se trouve dans la loi électorale qui nous régit. D'après eux, cette loi est mauvaise, d'abord comme étant un privilége pour un très petit nombre de citoyens, comme favorisant le monopole et ensuite comme ne représentant ni la grande ni la petite propriété, ni la masse des citoyens, ni enfin tous les intérêts.

Toutefois, il faut le dire, de la manifestation des

opinions émises par chaque parti et exprimées ré-
cemment, soit par les candidats à la députation, soit
par quelques publicistes d'un talent éprouvé, soit
enfin par la presse, il résulte que tous les hommes
consciencieux, quelle que soit d'ailleurs leur manière
de penser et d'envisager la situation actuelle, veulent
à l'envi arriver, quoique par des moyens différents,
au même but, celui d'assurer le bonheur, la tranquillité et la prospérité de la commune patrie.

Dans cet état de choses, tous voudraient rencon-
trer un terrain commun d'intérêt général où ils
pussent s'entendre, s'unir, et qui leur servît de point
de ralliement sous le même drapeau, celui de la
France.

A mon avis, le meilleur moyen pour mettre un
terme aux prétentions et aux exigences de chaque
parti, et pour faire cesser le malaise dans lequel nous
usons nos forces, c'est de recourir à un système électoral qui soit large, basé sur le droit commun, qui
représente tous les intérêts et toutes les classes de la
société dans une juste proportion et qui ne puisse
jamais être faussé par le monopole.

Simple citoyen, je viens, à ce sujet, émettre
ma manière de penser sur le mode électoral qui me
paraît le plus propre à concilier les intérêts et les
prétentions de chaque parti, et faire connaître en
même temps, ma manière de voir, sur plusieurs
autres objets d'intérêt général.

Afin de mettre de la clarté dans mon travail, je
le diviserai en six parties.

Je m'occuperai dans la première des élections
municipales.

Dans la deuxième, des élections des conseils d'arrondissements et des membres des conseils généraux de départements.

Dans la troisième, des élections des Députés.

Dans la quatrième, de la composition du Jury.

Dans la cinquième, du système financier, etc.

Et enfin dans la sixième, de la régence.

PREMIÈRE PARTIE. — *Elections Municipales* :

La loi actuelle sur la nomination des conseillers municipaux est insuffisante et ne remplit pas les vœux de la majorité ni l'attente du gouvernement.

Les élections faites sous l'empire de cette loi ne sont point l'expression du plus grand nombre des habitants puisqu'ils ne sont pas appelés à donner leurs suffrages.

Ces élections étant faites souvent par l'esprit de parti et de coterie, il arrive que l'autorité se trouve quelquefois embarrassée pour choisir, parmi les élus, des hommes capables de remplir les fonctions de maire et d'adjoint.

Dans la vue de concilier, autant que possible, l'intérêt des habitants avec la juste influence que doit exercer le gouvernement sur les élections municipales trop souvent faites, je le répète, dans un esprit de parti et de coterie, je serais d'avis 1° que les membres des conseils municipaux fussent nommés par le Roi ou, en son nom, par les préfets; 2° qu'ils fussent pris dans chaque commune parmi les électeurs, dont il sera ci-après question, choisis par les habitants pour nommer les conseillers d'arrondissements et les membres des conseils généraux du département, et les députés de la première catégorie, et parmi des candidats présentés en nombre double des membres à nommer; 3° que ces candidats fussent désignés par la voie des élections auxquelles concourraient tous les citoyens habitants, âgés de 21 ans accomplis, jouissant de leurs droits civils et politiques, imposés à la contribution personnelle et mobilière de cette commune; 4° que les candidats fussent élus parmi les plus imposés d'entre eux; 5° et que le nombre de ces plus imposés fût fixé à raison, savoir :

Du tiers pour les communes d'une population de 500 âmes et au-dessous.

Du quart pour les communes d'une population de 500 à 1,500 âmes.

Du cinquième pour les communes d'une population de 1,500 à 2,500 âmes.

Du sixième pour celles d'une population de 2,500 à 3,500.

Du septième pour celles d'une population de 3,500 à 10,000.

Du huitième pour celles d'une population de 10,000 à 30,000.

Et du dixième pour celles d'une population de 30,000 et au-dessus.

Pour simplifier les élections de ces candidats dans les communes ayant un grand nombre d'habitants, je crois qu'il conviendrait de former des sections suivant leur importance, qui devraient avoir, autant que possible, le même nombre de citoyens.

La nomination des candidats aurait lieu au premier tour de scrutin, à la pluralité des suffrages.

Si la charte, par son article 68, n° 7, n'avait pas prescrit que les institutions municipales seraient électives, j'opinerais pour qu'une moitié des membres fût nommée directement, c'est-à-dire sans présentation de candidats, par tous les habitants, et l'autre moitié par le gouvernement.

Par ce dernier mode de nomination la commune aurait ses hommes et le gouvernement les siens. L'autorité pourrait appeler dans les conseils municipaux des citoyens capables, repoussés de ces conseils par la rivalité, l'intrigue et même l'esprit de parti, et concilier ainsi les intérêts des communes avec ceux d'une sage et bonne administration.

Les nominations des membres des conseils municipaux se faisant d'après l'un ou l'autre système, les communes seraient mieux représentées qu'elles ne l'ont été jusqu'à présent.

Les conseillers municipaux seraient nommés pour trois ans.

Dans l'intérêt des communes il serait à désirer que les attributions des conseils municipaux fussent plus étendues qu'elles ne le sont maintenant.

Deuxième Partie. — *Elections des Conseillers d'arrondissements et des Membres des conseils généraux des départements.*

L'institution des conseils d'arrondissements et des conseils généraux est très bonne.

Ces conseils peuvent rendre de grands services au pays et à l'Etat; au pays, parce qu'ils sont composés d'hommes de chaque localité qui en connaissent les besoins, et à l'État, en ce qu'ils peuvent l'éclairer sur ce qui est à faire pour l'intérêt général d'une commune, d'un canton, d'un arrondissement, et d'un département.

Si les attributions de ces conseils sont assez étendues, cette représentation vaudra bien celle dite des administrations provinciales que demande depuis long-temps la *Gazette de France*.

Je voudrais que les conseillers d'arrondissements et les membres des conseils généraux fussent élus, un, dans chaque canton de justice de paix, par des électeurs, choisis et élus eux-mêmes dans chaque commune par tous les citoyens habitants, âgés de 21 ans, jouissant de leurs droits civils et politiques et imposés à la contribution personnelle et mobilière.

Ces électeurs ou délégués des assemblées primaires seraient nommés pour trois ans, à raison d'un par 400 âmes de population. Cependant les communes qui n'auraient pas cette population en nommeraient également un.

Pour être électeur d'une commune, il faudrait y être domicilié et avoir, au moment de l'élection, 25 ans accomplis et jouir de tous ses droits civils et politiques.

Les délégués des assemblées primaires, ne pourraient être pris que parmi les citoyens payant au moins 150 francs de contributions directes, les notaires et les avoués, les docteurs-médecins payant 75 fr. de contributions, les licenciés en droit et es-

sciences payant aussi une contribution de 75 fr., les membres et correspondants de l'Institut et autres sociétés savantes, les officiers de terre et de mer jouissant d'une pension de retraite, les membres de la Légion-d'Honneur payant 100 fr. de contribution.

Néanmoins, lorsque, dans une commune, le nombre des citoyens payant une contribution de 150 fr., ne serait pas triple de celui des électeurs à nommer, ce nombre serait complété par les autres habitants les plus imposés de ces mêmes communes.

Par ce double degré d'élection, tous les habitants concourraient directement ou indirectement à la nomination des membres des conseils d'arrondissements et des membres des conseils généraux de départements de leurs pays.

Il ne faut pas perdre de vue, 1° que ce mode d'élection, essentiellement populaire, présente à la société toutes les garanties désirables, par la raison que les électeurs-délégués ne pourraient être pris que parmi des hommes tous intéressés au maintien du bon ordre ; 2° qu'à l'avenir, pour être électeur, il ne suffira pas de payer un certain taux de contributions ou avoir une position sociale par son état, ou être placé dans les capacités, mais qu'il faudra encore jouir de l'estime, de la considération et de la confiance de ses concitoyens ; 3° et que tous les citoyens habitants, payant contribution personnelle et mobilière, concourront à la nomination des conseillers d'arrondissements et des membres des conseils généraux et à celle de la plus grande partie des députés, ainsi qu'on le verra ci-après. A cette occasion, je ne crois pas hors de propos de faire remarquer qu'il n'y a, aujourd'hui, qu'une très faible partie des citoyens qui y concourent; que cette partie ne paye pas le quinzième des impositions à la charge des Français, enfin que beaucoup de communes n'ont point d'électeurs pour nommer les conseillers d'arrondissements, les membres des conseils généraux et les députés.

Le cens qui rend aujourd'hui un citoyen électeur de droit, n'est pas une garantie suffisante de sa capacité et de sa moralité.

Les habitants d'une commune étant à même d'apprécier les lumières et la moralité des hommes qui doivent les représenter comme électeurs; tout porte à croire que leurs choix seront toujours bons. Ils feront raison des hommes qui ont de la morgue et qui ne sont populaires que lorsqu'il s'agit d'obtenir leurs suffrages.

Les conseillers d'arrondissements et les membres des conseils généraux, seraient nommés pour trois ans.

Pour qu'il y ait égalité de suffrages dans les délibérations des assemblées, chaque conseiller ou membre disposerait de boules à raison d'une par mille âmes de la population du canton qui l'aurait élu.

TROISIÈME PARTIE. — *Elections des Députés.*

Dans l'intérêt de mon pays, je voudrais que la Chambre des Députés fût composée de quatre catégories de représentants, tous nommés pour trois ans.

La première, pour représenter la masse des citoyens et les intérêts généraux de la nation. Les députés de cette catégorie seraient élus par les électeurs nommant les conseillers d'arrondissements et les membres des conseils généraux de départements.

Ils seraient nommés dans chaque département, à raison d'un par 100,000 âmes de population.

Afin d'éviter, dans le choix de ces députés, tout intérêt de localité, intérêt presque toujours nuisible à l'intérêt général qui doit passer avant tout, les électeurs se réuniraient, autant que possible, au chef-lieu de département, en un seul collége, sauf à faire plusieurs sections, et éliraient à la fois tous les députés.

Suivant les bases qui viennent d'être posées, un département ayant une population de 300,000 habitants, aurait 750 électeurs, et partout le nombre des électeurs serait dans une exacte proportion avec celui des députés à nommer. Ainsi disparaîtrait cette disproportion choquante qui a existé jusqu'à présent entre les divers colléges électoraux de la France.

La seconde catégorie, pour représenter la grande propriété et l'agriculture.

Les députés de cette catégorie seraient nommés un dans chaque département, par les citoyens les plus imposés de chaque canton, pris à raison d'un par 3,000 âmes de population.

La troisième catégorie pour représenter le commerce et l'industrie.

Il en serait nommé un dans chaque ville où il existe une chambre de commerce, par les négociants et commerçants payant une contribution de 200 francs.

La quatrième et dernière catégorie pour représenter la Religion de la majorité des Français, ses ministres et l'enseignement public.

Il y en aurait un dans la circonscription de chaque archevêché et des évêchés qui en ressortissent.

Chaque député serait nommé par l'archevêque, les évêques, ses suffragants, et par les vicaires-généraux et par les curés de canton.

Au moyen de ce système électoral, les intérêts de toutes les localités et de toutes les classes de la société, se trouveraient représentés dans une juste proportion, soit dans les communes, soit dans les conseils d'arrondissements et dans les conseils généraux de départements, soit enfin à la Chambre des Députés.

Pour éviter le double vote dans la nomination des députés, vote qui serait un privilége, chaque électeur ne figurerait que sur la liste électorale où il doit être inscrit par sa position sociale, et ne voterait que pour la nomination des députés de sa catégorie.

Pour qu'à l'avenir, les élections soient réelles, sérieuses et l'expression de la majorité, ce que tout Français doit désirer dans l'intérêt de son pays, j'émets le vœu : 1° que tous les électeurs soient tenus d'y concourir, à peine de payer une amende ; 2° que chaque électeur, tenant son droit par sa position sociale ou par le choix de ses concitoyens, ne soit tenu, pour donner son vote, à d'autre serment qu'à celui d'être fidèle à son pays, et de ne jamais rien faire pour compromettre ses intérêts; tout autre serment ne devant être exigé que de celui qui reçoit un traitement du gouvernement.

J'exprime aussi le vœu : 1° que tous les députés des première et deuxième catégories ne puissent être pris que parmi les éligibles ayant leurs propriétés, leurs industries et leurs domiciles habituels dans les départements où ils seront élus; 3° qu'on ne puisse être en même temps député et fonctionnaire ou magistrat salarié, parce que, d'une part, le fonctionnaire ou magistrat est nécessaire à son poste, ou s'il en est autrement, l'emploi est inutile et doit être supprimé, et de l'autre, qu'étant lié à l'action gouvernementale par ses intérêts particuliers, il ne peut plus conserver l'indépendance si nécessaire à un député ; 3° que les députés expriment publiquement leurs votes.

Avec une représentation nationale telle que je viens de l'indiquer, la France sera, à l'intérieur, heureuse, prospère et tranquille, les factions disparaîtront ; elle ne sera plus divisée en trois camps qui se combattent mutuellement. Au dehors, elle augmentera sa considération; elle aura une prépondérance digne d'elle, et exercera une influence salutaire sur les destinées des autres nations de l'Europe.

Par suite de la catastrophe qui vient de frapper et d'affliger la France, jamais représentation nationale n'a été plus nécessaire qu'au moment présent. Celle que j'ai indiquée pourrait concourir d'une manière salutaire à la loi fondamentale qu'on se propose de faire sur la régence.

QUATRIÈME PARTIE. — *Institution du Jury.*

Cette institution est bonne ou mauvaise ; si elle est bonne, elle ne doit pas être faussée dans son application par le triage des préfets ; si elle est mauvaise, il faut le confesser et la changer.

Pour mon compte, j'en reconnais la bonté, et dis que c'est une précieuse garantie pour les citoyens contre l'arbitraire ; mais pour qu'elle présente toutes les garanties, je voudrais que la liste du jury d'un département ne fût composée que des électeurs nommant les députés des première, deuxième et troisième catégories, et que le premier président de la cour royale tirât au sort, en audience publique, un mois avant l'ouverture de chaque session des cours d'assises, parmi la totalité de ces électeurs le nombre des jurés qui devraient siéger dans cette session.

CINQUIÈME PARTIE. — *Système financier.*

Le recouvrement des contributions directes est bien établi. Mais il serait à désirer, dans l'intérêt d'une sage économie, que les émoluments alloués aux receveurs généraux, aux receveurs particuliers et aux percepteurs fussent réduits de beaucoup pour ne pas dire de moitié.

Dans l'intérêt du peuple, il serait aussi à désirer que l'impôt exorbitant du sel qui pèse sur lui comme sur la classe riche, fût diminué au moins d'une moitié et que cette diminution fût remplacée par un impôt nouveau mis sur les voitures bourgeoises, sur les chiens de chasse et sur les chiens des personnes qui habitent les villes.

Sixième Partie. — *De la Régence.*

Je vais aussi émettre ma manière de penser sur la régence.

La loi sur la régence étant une loi constitutive de la monarchie, devrait être faite, d'après moi, avec le concours de la représentation nationale, convoquée à cet effet.

Quel sera le régent? Voilà la question qui paraît dominer aujourd'hui, et cependant cette question n'est que d'un ordre secondaire.

Dès qu'en principe, il est reconnu par la Charte, que le roi règne et ne gouverne pas, que sa personne est inviolable et que les ministres sont seuls responsables, peu importe que, pendant la minorité ou l'interdiction du souverain, le pouvoir de la royauté soit exercé par la princesse mère de ce souverain ou par un prince. Sous le roi majeur, comme sous le roi mineur, ce pouvoir n'étant que la sanction des actes des ministres qui sont définis par la constitution et dont ceux-ci sont seuls responsables, il est indifférent que cette sanction soit donnée, sous une régence, par un régent ou par une régente. Les Français (et c'est le grand nombre) qui reconnaissent le principe d'hérédité à la succession de la couronne ont toujours pour cri de ralliement, à la mort d'un souverain, celui : *Le Roi est mort! Vive le Roi!* Ce principe est un principe conservateur de tous les temps ; il assure la tranquillité d'un Etat, il est consacré à la fois par la loi naturelle et la loi civile. En le méconnaissant, on est forcément amené à reconnaître que le droit du plus fort est toujours juste, et que la force brutale peut détrôner un souverain qui, sous un gouvernement constitutionnel surtout, ne peut mal faire.

Partant du principe de l'hérédité, que j'appelle légitimité, je déclare que je n'ai jamais pu comprendre qu'en 1830, le roi Charles X qui, d'après la Charte ne pouvait mal faire, aît été déposé et que son fils et son petit-fils n'aient pas été reconnus par la nation habiles à lui succéder.

Alors, comme aujourd'hui, je me figurais que si les ordonnances signées par cet excellent et malheureux prince, étaient attentatoires aux libertés publiques, c'étaient les ministres qui les avaient conseillées et contresignées qui étaient seuls coupables envers la nation, comme responsables.

Conséquent avec ma manière de voir qui découle

du gouvernement monarchique, représentatif que nous avons, je déclare que, sous le gouvernement de la Restauration, je n'ai jamais attribué aux rois Louis XVIII et Charles X les fautes qui ont été commises sous leurs règnes, mais bien à leurs ministres, et qu'il en sera de même sous la nouvelle dynastie.

En résumé, je dis qu'en politique, on doit s'attacher aux principes d'ordre et de conservation plutôt qu'aux personnes, parce que les principes restent et les personnes passent. En envisageant ainsi les choses, la catastrophe qui vient d'affliger la France ne doit avoir aucune influence fâcheuse sur la marche du gouvernement établi. Ce gouvernement doit trouver sa force et sa durée dans ses institutions fondamentales.

Ma pensée et mes idées sur la réforme de la loi des élections des membres de la Chambre des Députés, ont déjà été en partie exprimées dans ma lettre du 19 juillet dernier au rédacteur du journal le *Réparateur*, qui l'a insérée dans la feuille du vendredi 29 du même mois.

Dans peu je me propose d'émettre mon opinion et ma manière de voir sur la responsabilité des ministres et des autres agents du pouvoir; responsabilité promise par le n° 2 de l'article 69 de la Charte constitutionnelle.

Sans vouloir occuper le public de moi-même, je le prie d'être bien persuadé que sincèrement dévoué de cœur et d'âme à mon pays, tout en conservant des regrets et de l'attachement pour les princes de l'ancienne dynastie, je suis et je serai toujours opposé à tout changement qui pourrait mettre en question son existence, en occasionner le démembrement ou le morcellement, et en compromettre les intérêts généraux, la dignité et la gloire ; que j'aurai toujours pour règle de conduite, politiquement et religieusement parlant, de ne juger les hommes consciencieux et de bien que d'après leurs actions et leur conduite, et non d'après leurs opinions et leurs croyances ; et qu'enfin, ennemi de toute opposition systématique et dirigé par la justice et l'équité (ainsi que je l'ai fait sous l'empire et sous la restauration), je donnerai mon assentiment et prêterai mon loyal, mais faible concours, aux actes du gouvernement actuel, toutes les fois qu'ils seront faits dans l'intérêt général de la nation, comme je croirai de mon devoir de les blâmer lorsqu'ils compromettront les libertés publiques et religieuses, ou qu'ils seront nuisibles aux intérêts généraux et même particuliers des Français.

Indépendant par caractère, si je trouve des critiques, je les prie d'être bien convaincus que je ne suis l'instrument d'aucun parti, et que je ne suis dirigé que par l'ardent désir de contribuer au bien de mon pays. Issu de parents sans fortune, ne devant ma position sociale qu'à moi-même, je n'ai aucun intérêt à défendre les priviléges dont je suis plutôt l'ennemi que le partisan. Je ne reconnais d'autres titres de noblesse que ceux qui sont la récompense de grands services rendus à la patrie ou à ses concitoyens. Mes principes sont des principes d'ordre de tous les temps, quels que soient les souverains et les dynasties ; je les dois au raisonnement et à une profonde conviction.

ESCOFFIER.

Miribel, le 9 août 1842.

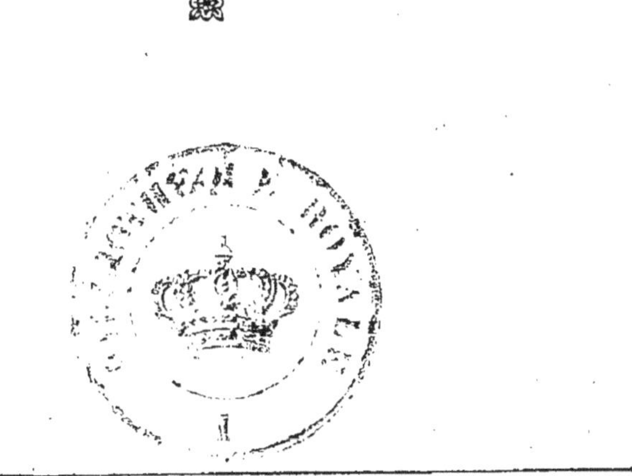

LYON, IMPRIMERIE DE CHARVIN ET NICON,
rue Chalamont, 5.